Histoires à raconter pour les grands

Histoires de princesses et de chevaliers

Illustration de couverture : Marie Ligier de Laprade
Direction : Guillaume Arnaud
Direction éditoriale : Sarah Malherbe
Édition : Anna Guével
Direction artistique : Élisabeth Hebert
Conception graphique : Amélie Hosteing
Mise en pages : Sophie Boscardin
Fabrication : Thierry Dubus, Anne Floutier

Site : www.fleuruseditions.com
ISBN : 978-2-2150-9828-7
MDS : 651 456
N° d'édition : 11123

Histoires à raconter pour les **grands**

Histoires de princesses et de chevaliers

Fleurus

Sommaire

La bataille des trois frères

Un homme avait trois fils qui rêvaient de devenir chevaliers. L'aîné, Tristan, avait un nez colossal. Son cadet, Grégoire, arborait deux gigantesques oreilles. Quant à Robin, le dernier, il ouvrait sur le monde des yeux immenses.

Lorsque Tristan fut en âge de devenir chevalier, il se rendit au château voisin et demanda à rencontrer le seigneur Émeric.

« Que me veux-tu, l'ami ?

– Je désire devenir chevalier, répondit Tristan.

– Tu n'y penses pas, s'esclaffa Émeric. Avec un nez comme le tien, tu risquerais de basculer en avant. »

Tristan eut beau lui dire qu'il était un fier cavalier et que jamais il n'était tombé, le seigneur ne voulut rien entendre.

Tristan, peiné, rentra chez lui. Il retourna aux champs en rêvant de combats et de tournois.

Lorsque Grégoire atteint l'âge d'être chevalier, il chevaucha à son tour jusqu'au château voisin.

« Que me veux-tu, l'ami ? le questionna Émeric.

– Je souhaite être fait chevalier.

– Tu n'y penses pas, répliqua le seigneur en riant. Avec de telles oreilles, comment pourrais-tu mettre un heaume de chevalier ? »

Grégoire lui expliqua qu'il en avait un fait sur mesure, mais Émeric ne voulut rien savoir.

Grégoire retourna chez lui, dépité. Il travailla aux champs en pensant à toutes les batailles qu'il aurait aimé livrer.

Quand ce fut au tour de Robin, il enfourcha son cheval et s'élança vers le château d'Émeric.

« Que me veux-tu, l'ami ? l'interrogea le seigneur.

– Je veux être votre chevalier. »

Émeric dévisagea ce drôle de personnage aux yeux démesurés. Il imagina alors comment il pourrait l'utiliser au combat.

« Que vois-tu là-bas ? lui demanda-t-il en désignant une colline à l'horizon.

– Je vois une vigne prête à être vendangée, assura Robin.

– Autre chose encore ?

– Oui, il y a un moulin derrière la colline. Le meunier sort ses sacs de farine. »

Émeric se frotta les mains. Un tel homme pourrait voir arriver les ennemis de loin.

« Sois le bienvenu dans mon armée, mon ami, lui dit-il.

– Merci, monseigneur, répondit Robin, mais je ne deviendrai chevalier que si vous acceptez que mes deux frères le soient aussi. »

Le seigneur réfléchit un instant. Il se souvenait parfaitement de Tristan au long nez et de Grégoire aux grandes oreilles.

« Ces deux-là ne me serviront à rien, pensa-t-il, mais leur frère m'est bien trop précieux. »

« Eh bien, soit, annonça-t-il. Va chercher tes frères. »

C'est ainsi que le rêve de Tristan, Grégoire et Robin se réalisa : ils devinrent tous trois chevaliers.

Au début, le seigneur Émeric se moqua fort de Tristan et Grégoire, mais un jour, alors qu'il parcourait la campagne avec son armée, les trois frères s'immobilisèrent d'un coup.

« J'aperçois un nuage de poussière au loin, dit Robin en scrutant l'horizon où personne ne voyait rien.

– J'entends des bruits de sabots par centaines, affirma Grégoire qui tendait l'oreille.

– Je sens le feu », s'alarma Tristan.

Le seigneur Émeric interpréta sans peine ce que les trois frères venaient de percevoir : une horde de cavaliers galopait vers son royaume, brûlant tout sur son passage. Sans attendre, il organisa la défense et se tint prêt.
Lorsque l'ennemi parut, il pensait bénéficier de l'effet de surprise. Au lieu de cela, il se heurta à une armée nombreuse et préparée.

La bataille fut toutefois de courte durée. Émeric et son armée repoussèrent les envahisseurs sans difficulté.

De nos jours, on parle encore de cette bataille durant laquelle Tristan, Grégoire et Robin s'illustrèrent. D'ailleurs, c'est en leur honneur qu'on la baptisa « la Bataille des trois frères ».

Un château bien gardé

Lorsque le roi Wilfried partit à la guerre, il confia son château et sa famille à la garde d'un seul homme. Enrick était un chevalier courageux et rusé. Le roi pouvait compter sur lui pour surveiller le château et protéger la reine Adélaïde, la princesse Mathilde et le petit prince Enguerrand.

Dans tout le royaume, les bandits se passèrent le mot : « Il n'y a que quatre personnes au château. Il sera aisé de le cambrioler. »

Le roi était à peine parti que déjà un voyou se présentait au château.

« Je sais que le cuisinier est à la guerre, dit-il à Enrick. Je viens préparer de bons repas pour vous et la famille royale. »

Enrick dévisagea le bonhomme qui semblait bien sûr de lui.

« Les gens vous ont trompé, répondit-il enfin. Notre cuisinier est resté. Mais je vous l'envoie. Peut-être a-t-il besoin d'un commis ? »

Enrick fit patienter le voyou à la porte du château et fila à la cuisine. Là, il passa un tablier, posa une toque sur sa tête et s'aspergea d'un peu de farine. Quand il revint, il était méconnaissable.

« Il parrrraît que tu es apprrrrenti cuisinier, lança-t-il au filou en déguisant sa voix.

– Euh ! C'est que… » bafouilla ce dernier.

Mais il ne termina pas sa phrase et partit en courant.

Partout où il passait, il disait : « Il n'y a pas que quatre personnes au château ! Ils sont cinq ! »

En entendant cela, les brigands ne se découragèrent pas.
« Cinq personnes ! Ce n'est rien. Il sera facile de les voler. »
Aussi, dès le lendemain, un autre vaurien se présenta au château.
« Je sais que le palefrenier est à la guerre, dit-il à Enrick. Je viens aider aux écuries. »
Enrick regarda avec attention l'homme au sourire faux.
« Les gens se sont trompés, répondit-il enfin. Le palefrenier est toujours là. Mais je vous l'envoie afin qu'il vous dise s'il a besoin d'aide. »
Enrick fit patienter la canaille et courut aux écuries. Là, il se roula dans la paille et le crottin, se coiffa d'un chapeau mou et revint, une fourche à la main. Il était méconnaissable et sentait fort le crottin.
« C'est toi le gaillard qui pense que je ne m'en sortirai pas ? demanda-t-il rudement.
– Je croyais que… bredouilla la canaille.
– Allez, file ! Et que je ne te revoie plus ! » hurla Enrick en roulant de gros yeux.

Le bonhomme ne se le fit pas répéter deux fois.
Il prit ses jambes à son cou et s'enfuit en répétant partout : « Il n'y a pas que cinq personnes au château ! Ils sont six ! »
Les voleurs perdirent un peu de leur assurance. Mais deux d'entre eux se présentèrent pourtant au château.
« Une armée ennemie arrive droit sur vous, dirent-ils. Vous manquez d'hommes. Nous venons vous aider.
– Vous êtes mal renseignés, les rabroua Enrick. Le roi nous a laissé une garnison pour nous défendre.
– Votre garnison est bien silencieuse, osa remarquer l'un des hommes.
– C'est l'heure de la sieste, messieurs, répondit Enrick sans se démonter. Mais je peux réveiller le capitaine.
– C'est inutile, me voici ! » tonna une voix dans son dos.

Les deux visiteurs écarquillèrent les yeux : le capitaine se tenait là, en grande armure, visière baissée et prêt à se battre. Ils disparurent aussitôt, répandant partout la nouvelle qu'une garnison gardait le château.

« Nous voilà tranquilles pour un moment ! » s'exclama le capitaine en relevant sa visière.

Enrick reconnut alors les yeux clairs de la princesse Mathilde.

« Je vous observe depuis quelque temps, lui avoua-t-elle. Je voulais vous aider à garder le château. »

Enrick la gronda un peu, bien sûr, car les armures ne sont pas faites pour les princesses. Mais il la félicita surtout et tous les deux attendirent tranquillement le retour du roi car plus personne n'osa les déranger au château !

La princesse et le pirate

Dans le brouillard, la jonque n'avançait plus. Le capitaine Xi-Han observait, inquiet, les rochers qui émergeaient de la mer comme des fantômes.

« Je déteste naviguer par ce temps-là. He-Ma en profite toujours pour attaquer. »

À côté du capitaine, une jeune fille vêtue d'un merveilleux kimono brodait un paravent.

« Qui est He-Ma ? demanda-t-elle.

– C'est le plus audacieux pirate des mers de Chine, princesse Satoko. Il vit dans ce labyrinthe de rochers, et personne n'a jamais trouvé son repaire. »

La princesse japonaise haussa les épaules.

« Qu'importe s'il attaque ! On m'a forcée à venir en Chine pour épouser l'empereur. Mais je sais qu'il est vieux, colérique et qu'il a déjà dix autres femmes. Je suis si malheureuse que… »

Un coup de feu interrompit Satoko. Surgi de nulle part, He-Ma passait à l'abordage ! Terrifiés, le capitaine Xi-Han et ses matelots sautèrent à l'eau.

He-Ma bondit sur le pont et dit d'un ton moqueur : « Quel vaillant équipage, qui abandonne une jeune fille aux mains d'un pirate ! »

Puis il se pencha sur le paravent de Satoko : « Oh, oh ! Quel fin travail ! Et ce fil brillant m'a l'air précieux !

– Il est en or pur, répondit la princesse. C'est un cadeau pour l'empereur, mon futur époux, hélas.

– L'empereur est assez riche comme cela, dit sèchement He-Ma. Votre paravent m'appartient désormais. C'est bien le seul butin à voler sur cette jonque, puisque je ne capture pas les princesses sans défense ! »

Le pirate saisit le paravent. Il salua Satoko en inclinant son sabre, regagna son bateau et disparut dans le brouillard comme il en était sorti.

La princesse appela : « Capitaine Xi-Han ! Revenez, il n'y a plus de danger ! »
Danger ! danger ! Seul l'écho renvoyé par les hauts rochers répondit à Satoko…
« Que faire ? Je ne pourrai jamais sortir de cette baie maudite. Au premier coup de vent, le bateau ira se briser sur un rocher ! »
La princesse était plongée dans ces tristes réflexions lorsqu'elle aperçut quelque chose qui brillait sur la mer. En quittant la jonque, le pirate n'avait pas vu que le fil du paravent s'était pris à un crochet de la coque. Tandis qu'il s'éloignait, la broderie se décousait derrière lui !

La princesse Satoko prit le fil d'or entre ses doigts et se mit à tirer doucement, pour ne pas le rompre. La jonque commença à avancer et vogua longtemps entre les rochers, suivant le chemin qu'avait pris le pirate. Enfin, elle parvint à l'entrée d'une grotte creusée par la mer au pied d'une falaise.

À l'intérieur de cette caverne, entassés sur des rochers, des milliers de trésors se reflétaient dans l'eau.

« Le repaire de He-Ma ! » dit Satoko.

Une voix gronda comme le tonnerre : « Qui va là ?
– C'est moi, dit courageusement la princesse. Je vous ai suivi grâce au fil d'or qui s'était défait. »
Le pirate regarda le paravent : en effet, la toile était redevenue blanche !
« J'avais juré de tuer quiconque découvrirait ma grotte, dit le pirate. Vous, je ne peux pas. Comme punition, je vous impose seulement de recommencer votre travail : vous partirez quand votre paravent sera devenu mon plus beau trésor. Sauf si…
– Si ? demanda la princesse.
– Si vous voulez devenir ma femme, je vous garderai toujours avec moi. »

La princesse regarda He-Ma. Il était jeune, beau, courageux, et il n'avait pas le cœur cruel, puisqu'il l'avait épargnée !

Pourtant, elle hocha la tête : « Je ne veux pas épouser l'empereur. Mais je ne peux pas non plus épouser un pirate.

– Et si j'abandonne la piraterie ? Si je me fais pêcheur, par exemple ? »

La princesse sourit.

« Laissez-moi réfléchir jusqu'à ce que j'aie fini le paravent. Je vous répondrai au dernier coup d'aiguille. »

Satoko broda très vite. Quand elle eut terminé, le paravent était encore plus beau qu'avant ! Il représentait un pêcheur et sa femme qui regardaient ensemble des poissons d'or…
« Ma réponse est oui », dit la princesse.
Aussitôt, He-Ma jeta tous ses trésors à la mer, pour que les pêcheurs pauvres de la baie aient la bonne surprise de les prendre dans leurs filets. Puis il emmena la princesse dans une autre région, où ils commencèrent une nouvelle vie paisible et heureuse.

L'histoire du soir

Le prince Ludovic et la princesse Capucine sont tous les deux couchés, emmitouflés dans des draps brodés, bercés par la douce chaleur de la plus belle cheminée du château.

Comme chaque soir, ils demandent à leur mère de leur raconter leur histoire favorite.

La châtelaine commence alors le récit que les deux enfants connaissent par cœur. Elle raconte comment leur père, jeune chevalier téméraire, est venu la sauver du dragon qui la tenait prisonnière, dans la plus haute tour du château d'une contrée lointaine.

« Il était comment, maman, le dragon ?
– Il était immense, rouge sombre, le dos couvert d'une crête d'écailles vert émeraude. Ses yeux dorés brillaient comme les flammes que crachait sa gueule noire ! »
Les deux enfants s'endorment sur ces images merveilleuses et terrifiantes.

Le lendemain, les devoirs terminés, Ludovic et Capucine se retrouvent sous le vieux chêne.
Ils décident, comme à leur habitude, de jouer à la princesse et au chevalier. Chacun connaît son rôle : Capucine doit grimper dans le grand arbre et Ludovic se prépare au combat contre l'affreux monstre cracheur de feu.
Mais Capucine est un peu boudeuse, aujourd'hui :
« Ludo, j'en ai assez de jouer la princesse, je reste tout l'après-midi dans l'arbre à attendre que tu viennes me délivrer, ce n'est vraiment pas drôle.
– Mais qu'est-ce que tu veux faire, alors ?

– Cette fois-ci, c'est toi qui joues le prince capturé, et moi, je viendrai te sauver ! »

Ludovic se demande si cela va être amusant mais, pour cette fois, il accepte. Il s'enroule dans une belle cape bleue et grimpe en haut du chêne.

« Capu, à l'aide !

– J'arrive, mon prince, n'ayez crainte ! »

Capucine envoie des coups d'épée en tous sens et crie au dragon imaginaire : « Tu ne me fais pas peur ! Je suis la fille la plus courageuse du pays ! »

En haut de l'arbre, Ludovic regarde l'horizon.

Tout à coup, il sent l'air se réchauffer et voit une ombre bleue recouvrir les branchages. Levant le nez, stupéfait, il aperçoit un véritable dragon, qui plane juste au-dessus de lui.
« Capu ! Au secours ! Un dragon ! »
Capucine, absorbée dans son combat imaginaire, ne lève même pas la tête et continue à donner des coups d'épée dans l'air.
« Mais Capucine, c'est un vrai dragon ! Fais quelque chose ! » hurle Ludovic.

Le dragon bleu tournoie au-dessus du petit prince, fond sur lui et l'attrape dans ses griffes dorées. Ludovic a beau crier et gesticuler dans tous les sens, le dragon l'emporte. Quand Capucine lève enfin les yeux, elle l'aperçoit qui vole au loin, son butin dans les pattes, et qui disparaît derrière la colline. Ni une ni deux, la petite princesse va chercher son mulet, saute sur son dos et part à la rescousse de Ludo.

« Je suis une femme-chevalier ! Ce n'est pas un petit dragon de rien du tout qui va m'impressionner », crie Capucine en galopant.

Elle a vite fait d'atteindre le sommet de la colline et regarde tout autour d'elle, afin de trouver le dragon.

Le voilà ! Il s'est posé à l'entrée de la grotte qui est cachée entre deux grands hêtres.

Il fait sa toilette tranquillement, tandis que Ludovic saute à pieds joints sur sa tête. Le dragon n'a vraiment pas l'air de s'en soucier.

Capucine, ballottée sur son mulet, arrive en faisant tournoyer son épée au-dessus de sa tête. Le dragon la regarde d'un œil amusé. Finalement, il n'a pas l'air si méchant ! Le voici qui plonge sa gueule à l'intérieur de la grotte, Ludovic lui sautant toujours dessus avec acharnement.

Le dragon ressort, portant deux petites bêtes bleu ciel et violet pâle entre ses dents.

« Ludo, c'est une maman ! Une dragonne ! » s'écrie Capucine.
Ils entendent soudain la dragonne parler à ses petits : « Vous voyez, Gréfèk et Boulbèle, ce sont les deux petits d'homme dont je vous raconte l'histoire tous les soirs ! Ils sont les enfants de la princesse que mon père le dragon rouge tenait prisonnière. »
Ludovic et Capucine n'en croient pas leurs oreilles.
« Tu nous connais ? demande Ludovic.
– Oui, depuis longtemps. Et je voulais vous présenter à mes petits, répond la dragonne. L'histoire de leur terrible grand-père et du chevalier téméraire est leur histoire favorite. »
Sur ces paroles, elle souffle une flamme bleue qui va se poser entre les quatre enfants.
Ludovic, Capucine, Gréfèk et Boulbèle se réjouissent tous ensemble : « Ce soir, on va enfin connaître tous les détails de notre histoire préférée ! »

Princesses des quatre saisons

Il y a de cela fort longtemps vivait un roi qui avait quatre filles : Églantine, Hélène, Oriane et Albane.
Un jour, un prince à la peau cuivrée et aux yeux bridés frappa à la porte de son château et demanda à le voir.
« Monseigneur, commença-t-il, je suis venu vous demander la main d'Églantine.
– Que lui offriras-tu pour la rendre heureuse ? demanda le roi.
– Dans mon pays, au Japon, nous avons les plus jolis jardins du monde. On y trouve des cerisiers dont les fleurs sont roses comme les joues de votre fille. »
Le roi connaissait bien Églantine. Elle aimait jardiner. Il savait que ce prince ferait un bon mari.
« Je te donne ma fille, dit-il. Mais je l'aime tendrement. Ton pays est bien loin. Promets-moi qu'elle viendra me visiter trois mois chaque année.
Le prince à la peau cuivrée promit. Il épousa Églantine et l'emmena dans son pays.

Peu de temps après, un drôle d'équipage se présenta à l'entrée du palais. Un prince à la peau d'ébène et aux cheveux crépus était assis sur un dromadaire. Il venait demander la main de la princesse Hélène.

« Comment la rendras-tu heureuse ? lui demanda le roi.

– Dans mon pays, au Mali, nous naissons un tambourin à la main. Notre musique fera pétiller les yeux si bleus de votre fille. »

De toutes ses filles, Hélène avait la plus belle voix. Le roi n'hésita pas.

« Je te donne ma fille, dit-il. Mais promets-moi de me la renvoyer trois mois par an. »

Le prince promit, fit monter Hélène sur son dromadaire et s'en retourna dans son pays.

Lorsque le troisième prince arriva, le roi s'amusa de le voir aussi roux que sa fille Oriane.
« D'où viens-tu ? lui demanda-t-il.
– Du Canada. Chez nous, c'est l'été indien. Les arbres sont couverts de feuilles rouge et or comme dans un tableau. »
« Oriane aime peindre, pensa le roi. Elle sera heureuse là-bas. »
Il fit promettre à sa fille de revenir le voir trois mois par an, puis la laissa partir.

Le dernier prince ne tarda pas à se présenter à son tour. Il portait un grand manteau de fourrure blanche comme la peau de la plus jeune fille du roi, Albane.
« J'arrive de Finlande, dit-il. Et je viens…
– Pour épouser ma fille, je le sais, l'interrompit le roi. Es-tu prêt à la rendre heureuse ?
– Dans mon pays, personne ne pleure jamais parce que les larmes risqueraient de geler. Dehors il fait froid, mais notre cœur est chaud. »
Alors le roi vit partir sa dernière fille, non sans lui avoir fait promettre de revenir le voir trois mois par an.

L'année suivante, Églantine vint voir son père la première. L'amour la rendait si belle que la nature voulut lui rendre hommage. Les arbres se couvrirent de fruits rouges comme ses lèvres. Les champs disparurent sous des fleurs roses comme ses joues. Églantine resta trois mois avec son père, puis s'en fut.

Hélène arriva à son tour. L'amour faisait briller ses yeux bleus si intensément que le ciel en fut jaloux. Aussitôt il se teinta de bleu et chassa le moindre nuage. Durant les trois mois qu'Hélène passa chez son père, le pays fut inondé de soleil.

Quand elle repartit, Oriane prit la suite. Elle rayonnait de bonheur. Sur son passage, les feuilles des arbres captaient l'éclat de ses cheveux roux. Les forêts semblaient en feu. Elle resta trois mois et repartit.

Enfin, ce fut au tour d'Albane de venir auprès de son père. L'amour la rendait radieuse. Sa peau était si blanche que les nuages firent pleuvoir des milliers de flocons pour venir la caresser. Au bout de trois mois, elle retourna en Finlande.

Chaque princesse avait tenu sa promesse et la tiendrait encore car, sitôt Albane partie, Églantine revint.

Et toujours la nature se métamorphosait !

Au gré des visites des princesses, elle passait du printemps à l'été, à l'automne et enfin à l'hiver.

Les quatre saisons étaient nées !

Photogravure : Point 4
Achevé d'imprimer en juillet 2011 par Book Partners China Ltd
Dépôt légal : septembre 2011